BEI GRIN MACHT SICH IHR WISSEN BEZAHLT

Bibliografische Information der Deutschen Nationalbibliothek:

Die Deutsche Bibliothek verzeichnet diese Publikation in der Deutschen National-
bibliografie; detaillierte bibliografische Daten sind im Internet über http://dnb.d-
nb.de/ abrufbar.

Impressum:

Copyright © 2015 GRIN Verlag, Open Publishing GmbH
Druck und Bindung: Books on Demand GmbH, Norderstedt Germany
ISBN: 978-3-668-09832-9

Dieses Buch bei GRIN:

http://www.grin.com/de/e-book/310203/jesus-und-seine-umwelt-die-lebensumstaen-
de-der-menschen-zu-zeiten-jesu

Sarah Grüning

Jesus und seine Umwelt. Die Lebensumstände der Menschen zu Zeiten Jesu (3. Klasse, kath. Religion)

GRIN Verlag

GRIN - Your knowledge has value

Der GRIN Verlag publiziert seit 1998 wissenschaftliche Arbeiten von Studenten, Hochschullehrern und anderen Akademikern als eBook und gedrucktes Buch. Die Verlagswebsite www.grin.com ist die ideale Plattform zur Veröffentlichung von Hausarbeiten, Abschlussarbeiten, wissenschaftlichen Aufsätzen, Dissertationen und Fachbüchern.

Ausführlicher Unterrichtsentwurf für eine Unterrichtssequenz im Fach Katholische Theologie

Thema der Unterrichtsreihe: Jesus und seine Umwelt

Lehramt GHR (Schwerpunkt GR)

Inhaltsverzeichnis

Ausführlicher Unterrichtsentwurf für eine Unterrichtssequenz im Fach Katholische Theologie

Name: Sarah-Christina Grüning Schule: Katholische Grundschule xxx Klasse: 3 Fach: Katholische Theologie Mentorin: xxx Fachleiterin: xxx Hauptseminarleiter: xxx Datum: 04.11.2014 Zeit: 8.00- 8.45 Uhr

1. Thema der Reihe

Jesus und seine Umwelt.

Eine handlungs- und produktionsorientierte Unterrichtsreihe zur Erarbeitung
fundamentaler Lebensumstände der Menschen in Israel zur Zeit Jesu, unter besonderer
Berücksichtigung der Themen: „Lebensverhältnisse in Israel", „das Judentum",
„religiöse Gruppen zur Zeit Jesu" und „wichtige Lebensereignisse Jesu".

2. Darstellung der zugehörigen längerfristigen Unterrichtszusammenhänge

2.1 Reihenplanung: Tabellarische Übersicht der Stundenthemen und Kompetenzen

Stunden	Stundenthema	Kompetenzen
4 – 5	Wie lebten die Menschen in Israel zur Zeit Jesu? Auseinandersetzung mit den Lebensverhältnissen in Israel in Stationen: Wohnen, Nahrung, Familie, Kleidung, Berufe, Gesellschaft	Erweiterung der Sachkompetenz, indem die SuS sich mit den Lebensverhältnissen zur damaligen Zeit detailliert auseinandersetzen. Festigung der Methodenkompetenz, indem die SuS eigenständig und frei arbeiten und ihre Ergebnisse selbstständig kontrollieren können.
3	Jesus und die jüdische Religion. Was weiss ich über das Judentum? Auseinandersetzung mit dem jüdischen Glauben (Bräuche, Synagoge, Festtage, Tora)	Erweiterung der Sachkompetenz, indem sich die SuS genauer mit dem Judentum auseinandersetzen und Vergleiche zum Christentum ziehen können.

Stunden	Stundenthema	Kompetenzen
		Erweiterung der religiösen Kompetenz, indem die SuS mit einer anderen Religion konfrontiert werden und dazu befähigt werden, Entscheidungen Anderer zu verstehen und zu tolerieren.
2	Religiöse Gruppen zur Zeit Jesu (Pharisäer, Sadduzäer, Zeloten, Essener) Erarbeitung der verschiedenen	Erweiterung der Sachkompetenz, indem die SuS Kenntnisse über die religiösen Gruppen erhalten. Festigung der Methodenkompetenz,

3

	Gruppen mithilfe von Rollenspielen	indem die SuS die Perspektive eines Anderen übernehmen und sich in die Person hineinversetzen können.
5	Das Leben Jesu im Erzähltheater. Die wichtigsten Lebensereignisse Jesu (Taufe, Jüngerberufungen, Einzug in Jerusalem, das letzte Mahl, Kreuzigung, Auferstehung) werden den SuS mithilfe eines Erzähltheaters veranschaulicht. Zur Festigung des Wissens bearbeiten sie Arbeitsblätter zu den verschiedenen Ereignissen. Im Kunstunterricht werden Pappkulissen der Ereignisse erstellt und nacheinander in der Klasse aufgestellt.	Erweiterung der Sachkompetenz, indem sich die SuS die wichtigsten Lebensereignisse Jesu vergegenwärtigen und sich mit der Botschaft Jesu auseinandersetzen.
2	Lernerfolgskontrolle anhand einer Zeitreise	Festigung der Sachkompetenz

2.2 Erläuterung der Reihenplanung

Das Thema der Unterrichtsreihe „Jesus und seine Umwelt" wird in allen Lehrplänen und Lehrwerken als Pflichtinhalt aufgeführt. Das Thema wird zumeist umfassend im Unterricht behandelt und stellt ein großes Sortiment an Materialien zur Verfügung.[1] *„[...] die Auswahl exemplarischer Bibeltexte, die Jesu Wirken und seine Botschaft verdeutlichen, ist dann nicht schwierig, wenn man sich auf den zentralen Aspekt der Reich-Gottes-Lehre in den Gleichnissen beschränkt."*[2] Damit besonders die Grundschulkinder die Botschaft verstehen, ist es vorab notwendig, dass sich die SuS mit den Lebensumständen der Menschen zur Zeit Jesu auseinandersetzen. Denn die Menschen vor 2000 Jahren sind *„die primären Adressaten der Reich-Gottes-Botschaft."*[3] In den ersten Unterrichtsstunden der Reihe befassen sich die SuS ausführlich (durch Stationenlernen) mit den Lebensverhältnissen der Menschen zur damaligen Zeit und stellen diese ihrer heutigen Lebenswelt gegenüber. Anhand ausgewählter Arbeitsunterlagen können sich die Kinder freischaffend in die Thematik

---

[1] Vgl. Möller; Martin 2008 ,S. 44
[2] Vgl. ebd.
[3] Vgl.ebd.

4

einarbeiten und Bezüge zu ihrem eigenen Leben herstellen. Dabei muss den SuS bewusst werden, dass sowohl das Land als auch das Volk Israel real waren und auch heute immer noch sind.

Im weiteren Verlauf beschäftigen sich die Kinder mit dem Judentum. Besonders wird die jüdische Religion in den Blick genommen und die damit verbundene Messiaserwartung. Wie es in der Tora geschrieben steht, sollte der Messias das jüdische Volk von der politischen Unterdrückung befreien.[4] Zudem befassen sich die Kinder mit der Synagoge, ein Versammlungs- und Gebetshaus der Juden. Sie lernen den Aufbau des Gebetshauses kennen und beschäftigen sich mit dem Ablauf eines damaligen Gottesdienstes. Fernerhin wenden sich die SuS den wichtigsten Festen (z.b. dem Passafest, dem Purimfest, den Sabbat) und Bräuchen im Judentum zu. In Anschluss kann ein Vergleich zwischen dem Judentum und dem Christentum erfolgen. Falls die Zeit erlaubt, können sich die Kinder mit der Schrift der Israelis auseinandersetzen und kleinere Textstellen übersetzen. In den darauffolgenden Teil der Unterrichtsreihe werden die Kinder über die wichtigsten religösen Gruppen informiert. Zur Zeit Jesu sind die Pharisäer, die Sadduzäer, die Zeloten und die Essener aufzuführen.

Damit die SuS ein besseres Verständnis bekommen, sollen sie sich anhand eines Rollenspiels in die verschiedenen Gruppen hineinversetzen und unterschiedliche Konfliktsituationen nachstellen. Anschließend kann darüber hinaus diskutiert werden, welche Gruppen es besonders schwer zur Zeit Jesu hatten. In den nachfolgenden Stunden werden den SuS anhand eines Erzähltheaters die wichtigsten Lebensereignisse Jesu vermittelt. Darunter zählen die Taufe, die Jüngerberufungen, der Einzug in Jerusalem, das letzte Abendmahl, die Kreuzigung und die Auferstehung. Da die Kinder der Klasse 3 bisher schon vieles über Jesus erfahren haben und mit einigen Lebensstationen Jesu vertraut sind, dienen die kommenden Stunden zur Festigung und Erweiterung ihres Vorwissens. Die Geschichten werden gemeinsam mit den SuS gelesen. Das Geschehen in den Geschichten wird anhand von Pappkulissen und Pappfiguren von den Kindern begleitet. Durch die Unterstützung der Figuren wird das Erzählte verstärkt und eine langanhaltende Einprägung in das Gedächnis ermöglicht. Damit alle Kinder ermutigt werden aktiv am Unterrichtsgeschehen teilzunehmen, können ihnen kleine Sprechrollen in den Geschichten zugeteilt werden. Durch die differierenden Sprechrollen, kann es bei den SuS zu einer verstärkten Identifizierung mit den einzelnen Personen (aus den Geschichten) kommen. Darüber hinaus kann jeweils zum Unterrichtsbeginn der Wissensstand der Kinder überprüft werden, indem

---

[4] Vgl.ebd.

5

die SuS mit den Pappkulissen die Geschichten nacherzählen. Damit eine Nacherzählung der Lebensereignisse Jesu anhand von Pappkulissen nicht zu monoton wird, könnten auch szenische Darstellungen durch die Kinder erfolgen. Beispielsweise würde sich das letzte Abendmahl dafür anbieten. Hierbei wäre es möglich, dass sich jedes Kind ein Stück vom Brot abbricht (zur Verfügung gestellt durch die Lehrkraft). Das Ganze (Brot) wird mit den Mitschülern geteilt, genau wie es einst zwischen Jesu und seinen Jüngern erfolgte. Zur Ergebnissicherung werden Arbeitsblätter zu den einzelnen Lebensstationen Jesu bearbeitet. Den SuS soll vor allem vermittelt werden, dass es sich um einen historischen Bericht handelt und nicht um frei erfundene Geschichten (Ammenmärchen). In dem letzten Teil der Unterrichtsreihe wird eine Lernerfolgskontrolle anhand einer Zeitreise durchgeführt. Damit das Gelernte aufgearbeitet und gesichert wird, sollen die Kinder ihren Mitschülern/innen durch eine Zeitreise berichten, was sie Neues und Interessantes über die Umwelt Jesu erfahren haben. Die Unterrichtsreihe deckt zum einen den Bereich, *„Das Wort Gottes und das Heilshandeln Jesu Christi in den biblischen Überlieferungen"* und zum anderen *„Religionen und Glauben im Leben der Menschen"* ab.

In dem ersten aufgeführten Bereich werden die wichtigsten Stationen der Person Jesu behandelt. Zudem erkunden die Kinder die Heimat des Messias. Dabei werden vor allem die unterschiedlichen Lebensbedingungen zur damaligen Zeit betrachtet und von den verschiedenen religiösen Gruppierungen erzählt.

In dem zweiten Bereich deuten die SuS ausgewählte Zeichen, Symbole, Bilder sowie Rituale und suchen Bezüge zu ihrem eigenen Leben. Die SuS müssen erkennen, dass das Deuten der Symbole, Zeichen etc., für das Verstehen der biblischen Überlieferungen (der Botschaft Jesu) substanziell ist. Demnach kann die biblische Botschaft nicht wortwörtlich übersetzt werden. Desweiteren sollen die SuS anderen Religionen begegnen. Die Kinder werden dabei wichtige Elemente über den jüdischen Glauben erfahren und mit dem Christentum (eventuell mit dem Islam) vergleichen.

Durch den häufigen Umgang mit biblischen Geschichten, lernen die SuS ein wichtiges Kulturgut kennen. Sie können im späteren Verlauf die Geschichten als Teil eines Ganzen sehen und dies idealerweise (bis zum Ende der Grundschulzeit) auf sich beziehen. Es handelt sich nicht nur um das bloße erzählen von Geschichten, sondern trägt dazu bei, aus Beispielen deuten zu können und diese als Hilfestellung für verschiedene Lebenssituationen anzuwenden.

3. Schriftliche Planung des Unterrichts

3.1 Thema der Stunde

Zu welchen Lebensbedingungen hat Jesus früher gelebt? Anhand einer Stationsarbeit befassen sich die SuS mit den Lebensumständen der Menschen in Israel zur Zeit Jesu.

3.2 Kernanliegen

Die SuS sollen sich mit den Lebensbedingungen vor 2000 Jahren auseinandersetzen und somit die Unterschiede und Gemeinsamkeiten zu unserer heutigen Lebenswelt erkennen. Damit erweitern sie ihre Sach- und Urteilskompetenz.

3.3 Begründung der wesentlichen Planungsentscheidungen

3.3.1 Lernausgangslage

Die Unterrichtsreihe findet in einer Katholischen Grundschule statt.

Die Klasse besteht aus vierundzwanzig Schülern (vierzehn Mädchen und zehn Jungen). Bis auf einen Schüler sind alle Kinder in Deutschland geboren. Die Lerngruppe ist vom Leistungsstand durchaus homogen, auch wenn es zwei leistungsstärkere Kinder gibt. Die Klasse arbeitet in einer sehr ruhigen und konzentrierten Atmosphäre. Nur wenige SuS stören den Unterrichtsablauf. Die SuS machen einen sehr motivierten Eindruck und verhalten sich im gesamten Unterricht sehr unauffällig. Durch ein gutes Sozialverhalten der SuS untereinander, entsteht ein angenehmes Klassenklima. Hilfestellung und Unterstützung, beispielsweise wenn Probleme bei der Erledigung von Aufgaben entstehen, sind für die Kinder der Klasse 3 selbstverständlich. Am respektvollen Umgang untereinander scheitert es grundsätzlich nicht, auch wenn der Gebrauch von Kraftausdrücken ab und an negativ auffällt und sanktioniert werden muss. Die Kinder werden schon früh dazu angehalten sich gegenseitig zu respektieren, zu tolerieren und auch Andersdenkende zu achten. Der christliche Glaube wird anhand eines Symbols (Kreuz) in allen Klassenräumen zum Ausdruck gebracht. Im Religionsunterricht sollen die Kinder ihren eigenen Glauben kennen lernen und durch gegenwärtige Erfahrungen festigen. Da der Religionsunterricht zweimal in der Woche, jeweils in der ersten Stunde stattfindet, sind die Kinder zum Studenbeginn manchmal etwas erschöft. Damit die Konzentration gesteigert wird, findet als Begrüßung ein kleines religöses Ritual statt. Es werden unter anderem Gebete gemeinschaftlich vorgetragen oder aktuell zur Unterrichtsreihe *Jesus und seine Umwelt,* das Lied *Israel- Jesu Heimat* eingestimmt. Die Aufmerksamkeit wird dadurch erhöht.

Das Interesse an dem Fach Katholische Religion ist grundsätzlich gegeben. Da sich momentan alle Kinder auf ihre Erstkommunion vorbereiten, wirkt sich die Lernbereitschaft der SuS besonders positiv auf den Katholischen Unterricht aus. Die Klasse ist mit unterschiedlichen Medienformen und Arbeitsabläufen vertraut. Darunter auch mit dem Stationenlernen. Die Regeln und Verhaltensweisen einer Freiarbeit sind den Kindern bekannt, werden dennoch von der Lehrperson wiederholt. Dadurch sollen im späteren Verlauf größere Unruhen und unnötige Fragestellungen vermieden werden. Die Klassengröße ist für die Stationsarbeit geeignet, sodass die SuS genügend Freiräume haben sich zu entfalten und in ruhiger Atmosphäre zu arbeiten (die Klasse verfügt über einen separaten PC-Raum). Das (historische) Vorwissen bezüglich des Themas *Jesus und seine Umwelt* ist gering. Allerdings sind die Kinder schon mit einigen Lebensereignissen Jesu vertraut. Hierbei wird sowohl an das Vorwissen der SuS angeknüpft als auch die Thematik (in die Tiefe gehend) aufgearbeitet.Wichtig für die Kinder der 3 Klasse ist, dass ihre Arbeitsanstrengungen gewürdigt werden und abschließend ein Feedback (an die gesamte Klasse) seitens des Lehrers erfolgt. Damit bleibt die Motivation und das Engagement in der Klassengemeinschaft auch für kommende Themenbereiche vorhanden.

3.3.2 Sachanalyse

Damit die Kinder verstehen, dass sowohl die Zeit als auch die Umwelt die Menschen prägt, ist die Vermittlung von historischem Wissen unumgänglich.

„Jesus von Nazaret hat uns durch sein Wirken in Wort und Tat Gott nähergebracht und [mithin] die Welt verändert. Diese Veränderung nahm ihren Anfang in dem Lande Jesu selbst. "[5]Jesus Christus wurde in Palästina geboren. Das Geburtsjahr Jesu ist fraglich. Sowohl im Lukasevangelium als auch im Matthäusevangelium wird über eine Geburtsgeschichte Jesus berichtet. Die beiden Versionen unterscheiden sich inhaltlich in einigen Punkten und sind in der jeweiligen dargestellten Chronologie nicht ganz fehlerfrei. In beiden Evangelien lässt sich hingegen die Geburt Jesu noch unter der Regierungszeit Herodes des Großen bestimmen. Mittels außerbiblischer Nachweise ist das Todesjahr Herodes des Großen auf das Jahr 4 v. Chr. anzusetzen. Entsprechend muss Jesus Christus noch vor 4 v. Chr. geboren sein. Als Geburtsort (in Lukas und Matthäus) wird Bethlehem in Judäa bestimmt. Die Lokalisierung basiert auf einer Vorstellung der urchristlichen Gemeinde.

Diese hat sich von der damals unter den Juden allgemein verbreitete Anschauung leiten lassen, der Menschensohn müsse als Nachkomme Davids aus Bethlehem stammen. Dagegen sollte die Bezeichnung „Jesus von Nazaret" nicht ungeachtet bleiben. Sie legt

[5] Vgl. Fischer, Friedrich u.a. (Hg.) 2009, S. 99

8

nahe, dass der Messias in Galiläa, wahrscheinlich in Nazaret geboren wurde und in einer armen jüdischen Familie aufwuchs. Geläufig ist, dass sein Vater Josef (ein Zimmermann) und seine Mutter Maria waren und Jesus noch Brüder (Jakobus, Joseph, Judas, Simon) und Schwestern (Zahl und Namen nicht bekannt) hatte. Seine Kindheit verbrachte Jesus in Ägypten.[6]

Das Königreich Herodes des Großen wurde zur Zeit Jesu auf seine drei Söhne verteilt (aufgrund seines Testamentes) und ihnen zur Versallenherrschaft gegeben. Archelaus übernahm die Gebiete Judäa, Idumäa und Samaria. Sein Sohn Herodes Antipas herrschte über die Gebiete Galiläa und Peräa. Philippus erhielt Nordtransjordanien.[7] Archelaus regierte, wie einst sein Vater, mit Gewalt und war für seine Grausamkeit bekannt. Durch seine Verfolgungen und seinem Terror, kehrte die Familie Jesus aus Furcht vor dem Ethnarchen Archelaus nicht nach Bethlehem zurück, sondern reiste nach Nazareth, in das Gebiet des Tetrarchen Herodes Antipas ein.[8] Archelaus war so tyrannisch, dass die Römer ihn schon im Jahr 6 n. Chr. absetzten. Stattdessen wurde Judäa eine untergeordnete Römische Provinz, mit einem „Prokurator" (von 26-36 n. Chr. war dies Pontius Pilatus). Ein Prokurator hatte oberrichterliche Befugnisse und trieb unter anderem durch die einheimischen Behörden die Steuern ein.[9] Archelaus Bruder, Philippus, erkrankte 34 n. Chr. und verstarb. Aufgrund des Verdachtes eines antirömischen Aufstandes, wurde Herodes Antipas 39 n. Chr. (wie sein Bruder Archelaus), durch Gaius abgesetzt und verbannt.[10] Erst durch den Enkel Herodes Agrippa I. (41-44 n. Chr.) wurde das Königreich abermals zusammengeführt.[11] Die Juden mussten zur Zeit Jesu die Autorität Roms sowie die Familie des Herodes annehmen. Ihre Loyalität hingegen galt den Priestern. Der Hohepriester war sehr einflussreich und mächtig.[12] Zur damaligen Zeit gab es eine Vielzahl von religiöser Parteien oder Gruppierungen. Nur einige werden auch in dem NT erwähnt, wie beispielsweise die Pharisäer, die Sadduzäer und die Essener.

Der größte Teil der Juden gehörte keiner Gruppierung an. Die Pharisäer (aramäisch-griechisch „die Abgesonderten") erfuhren die größte Anerkennung. Sie gehörten zu einer strengen religiösen Gemeinschaft. Ihre Anfänge reichen ins 2. Jh. v. Chr. zurück. Sowohl Juden als auch Priester gehörten dieser Gruppe an, die sich streng nach den Gesetzen richteten. Die Sadduzäer waren eine kleinere, allerdings einflussreichere Gemeinschaft die aus Priesterfamilien stammte. Unterstützung durch die Sadduzäer

[6] Vgl. Onuki, Takashi 2006, S. 26-27
[7] Vgl. ebd. S. 30
[8] Vgl. Jendorff Bernhard 1973, S. 67-68
[9] Vgl. ebd.
[10] Vgl. Onuki Takashi 2006, S. 30
[11] Vgl. C.K. Barrett 1959, S. 132
[12] Vgl. Alexander, Pat 1994, S. 339

fanden die hohenpriesterlichen Könige der Hasmonäer und anschließend die römischen Herrscher. Zur Zeit des Prokurators Pilatus lebte der Hohepriester Kaiphas, der sich zu den Sadduzäer bekannte. Die Essener waren eine kleiner Gemeinschaft die sich im 2. Jh. v. Chr. als Protestbewegung entwickelt hatte. Sie billigten weder den griechischen Einfluss auf die jüdische Religion und die vorkommenden Könige, noch die Gleichgültigkeit der Juden gegenüber dem Gesetz. Sie erwarteten das bevorstehende Ende der Welt und zogen sich in klosterartige Gemeinschaften zurück.[13]

Zur Zeit Jesu lebten die Menschen in Großfamilien. Darunter zählten nicht nur die Eltern und Kinder, sondern auch Großeltern, Tanten, Onkels, Cousinen, Cousins und sogar Diener. In dieser Familiengemeinschaft urteilte der Großvater über alle praktischen und religiösen Fragen. In kleineren Familien war der Vater das Oberhaupt. Dieser war dazu befähigt seine Tochter als Sklavin zu verkaufen, seine Kinder zu töten (bei Unfolgsamkeit) und sich von seiner Frau zu trennen ohne jegliche Gründe. Die Frauen hingegen waren auch in der Zeit des NT „Besitz" der Männer. Sie hatten sowohl in der Familie als auch in der Gesellschaft eine niedrigere Stellung. Bemerkbar war dies beispielsweise an dem Erbrecht. Das besagte, dass Töchter nur den Besitz erben, wenn in der Familie keine Söhne vorhanden waren. Zudem war den Frauen kein politisches Mitspracherecht gestattet. Jesus Umgang mit Frauen hingegen steht im Gegensatz zu der damaligen Denkweise.[14] Denn die christliche Lehre besagt: *„Hier ist nicht Mann noch Frau; denn ihr seit alle einer in Christus Jesus" (Gal 3,28)."*[15] Eine Ehe wurde in der damaligen Zeit nicht aus Liebe geschlossen. Traditionell wurde in Israel sehr jung geheiratet. Ein Junge heiratete schon mit 13 Jahren, ein Mädchen mit 12 Jahren. Die meisten Ehen wurden von den Eltern vereinbart, sodass sich die Liebe erst im Laufe der Zeit entwickeln konnte. In alttestamentlicher Zeit gehörten die Eheleute zumeist demselben Stamm an. Vereinzelt wurden Cousins und Cousinen getraut.

Die Ehe mit Menschen einzugehen, die aus anderen Völkern kommen und anderen Göttern dienten, wurde nicht akzeptiert. Die Verehelichung war vielmehr eine zivilrechtliche als eine religiöse Handlung. Der Vater der Braut war für die Mitgift des Brautpaares verantwortlich. Sie bestand aus Dienern, Land oder Geld.[16]

Die meisten bedeutenden Feste der Juden wurden schon früh in Israel zelebriert. Zwei Feste verbreiteten sich allerdings zur späteren Zeit. Das Purimfest wurde in der Zeit des Perserreichs im 5. Jh. v. Chr. und das Tempelweih- oder Lichterfest im 2. Jh. v. Chr. (seit der Zeit der Makkabäer) gefeiert. Die meisten bedeutungsvollsten Feste, die von

---

[13] Vgl. Alexander, Pat 1994, S. 133-134
[14] Vgl. ebd. S. 161-163
[15] Vgl. ebd. S. 163
[16] Vgl. Alexander, Pat 1994, S. 165-166

den Menschen Israels veranstaltet wurden, waren mit den Jahres- und den Erntezeiten verbunden. Sie wurden im Frühling, im Frühsommer und im Herbst feierlich begangen. Es wurden Opfergaben (durch Männer) zum Heiligtum gebracht. Im 7. Jh. v. Chr. wurden diese „Pilgerfeste" nur noch in Jerusalem gefeiert. Jerusalem hatte zur Zeit Jesu rund 40000 Einwohner. Zum Passafest (auch heute eins der wichtigsten jüdischen Feste) hielten sich dort ca. 150000 Menschen auf. *„Die Festtage dienten dazu, Gott für die Ernte zu danken, der großen Heilstaten Gottes in der Geschichte seines Volkes zu gedenken und froh miteinander zu feiern."*[17]

Zur wirtschaftlichen Grundlage Israels zählte die Landwirtschaft, obwohl die Existenzsicherung der Bauern durch die Bodenbeschaffenheit (felsig) und das Klima (sehr trocken) beeinträchtigt wurde. Jede israelische Familie bekam ein Stück Land und die Erlaubnis, ihr Vieh dort weiden zu lassen. Mit der Zeit versuchten die Wohlhabenderen, die armen Bauern „auszukaufen (s. Jes 5,8). Für die in Armut lebenden Bauern war es schwer ihr Land zu behalten, sodass viele gezwungen waren es zu verkaufen. Jedes Mitglied der Familie war in die Arbeit involviert. Es wurden unter anderem Wein und Oliven angebaut. Die wichtigsten Nahrungsmittel der Bevölkerung waren Getreide, Obst, Gemüse und Brot (als Grundnahrungsmittel). Die Bauern besaßen unter anderem Schafe, Ziegen und Rinder. Sie mussten sich vielen Gefahren der Landwirtschaft stellen. Darunter zählten: Trockenheit, starker Ostwind, Heuschrecken und feindliche Heere. Hungersnöte gehörten zum Leben der Israeliten dazu.[18] Somit ist es nicht erstaunlich, *„daß sich die Israeliten das goldene Zeitalter der Zukunft als eine Zeit der Fülle vorstellten."*[19] Die Agrargesellschaft ließ sich in die Ober- und Unterschicht unterscheiden. Die Zugehörigkeit zu einer Schicht ist durch drei Faktoren gekennzeichnet: Macht, Prestige und Privilegien.

Zu der Oberschicht gehörte die römische Reichsaristokratie (z.B. Ritter, Kaiserhaus), die provinziale Aristokratie (z.B. Hohenpriester) und die städtische Aristokratie. Zu der Unterschicht gehörte der größte Teil der Bevölkerung. Darunter zählten unter anderem Bauern, Tagelöhner und auch Sklaven.[20]

Die Kluft zwischen der armen und der reichen Gesellschaft ließ sich auch anhand der Kleidung festmachen. Der arme Bauer besaß nur ein Kleidungsstück aus Ziegenfell oder Wolle. Der reiche Teil der Bevölkerung trug hingegen verschiedene Kleider, je nach Anlass. Es gab Sommer und Winterkleidung, Arbeitsbekleidung und sogar Kleidungsstücke für die Freizeit. Die Materialien bestanden aus feinen Leinen oder Seide. Die Männer zogen einen Lendenschurz oder einen Rock an. Darüber wurde ein

---

[17] Vgl. ebd. S. 119
[18] Vgl. ebd. S. 219
[19] Vgl. ebd. S. 184
[20] Vgl. Stegemann, 2010, S. 250-251

Hemd oder eine Tunika (aus Wolle oder Leinen) getragen. Die Männertunika ging bis an die Knie, die Frauentunika bis an die Knöchel. Jedes Dorf hatte ein spezielles Bordürenmuster. Bis auf wenige Datails (z.b. in Farbe und Länge), gab es kaum Unterschiede zwischen der Tunika des Mannes und der Frau. Reiche Männer konnten sich beispielsweise Ledergürtel leisten und trugen über der Tunika noch leichte Mäntel, die bis zu den Knien reichten. Die armen Menschen gingen meistens barfuß. Zu der üblichen Fußbekleidung gehörten jedoch Sandalen. Diese schützen die Füße allerdings nicht vor Schmutz, sodass die Schuhe vor dem Eintreten in ein Haus von einem Diener ausgezogen- und die Füße gewaschen wurden.[21] Die Menschen in Israel schützten sich vor der Sonneneinstrahlung mit einer Kopfbedeckung, *„(...) ein übereck gefaltetes viereckiges Tuch, das mit der Faltstelle nach vorn über den Kopf gelegt wurde. Ein Kreuz aus geflochtener Wolle hielt es auf dem Kopf fest. Beim Gebet trugen Männer oft eine Kappe (...).* "[22] Obwohl die Bibel eine Zeit von ca. 2000 Jahren umspannt, hat sich die Kleidung in Israel nur wenig verändert (durch das Klima und die begrenzte Auswahl an Stoffen).[23]

In biblischer Zeit ließen sich einige Unterschiede zwischen Städte und Dörfer feststellen. Die Dörfer waren unbefestigte Siedlungen. Die Städte hingegen wurden durch Mauern geschützt. Zumeist wurden die Städte auf Hügel erbaut. Auf diese Weise konnten sich die Bewohner besser gegen mögliche Angreifer verteidigen. Eine gute Wasserversorgung musste gegeben werden.

Die Städte im frühen Israel waren zumeist in fruchbaren Gegenden oder an Handelsstraßen zu finden und waren oft nicht größer als 12-20 Hektar.

Rund 1000 Menschen lebten innerhalb der Stadtmauern auf etwa 150-250 Häuser verteilt. Wenn die Menschen ihr Land verloren hatten, nahmen sie oft den Dienst eines Landarbeiters an. Durch den Wechsel der Besitzverhältnisse, entstanden auch bauliche Erneuerungen. *„(...) im 10. Jh. v. Chr. waren noch alle Häuser eines Dorfes oder einer Stadt gleich groß, doch ab dem 8. Jh. gab es kleine und große Häuser und verschiedene Stadtteile für die arme und reiche Bevölkerung.* "[24]

Die Häuser bestanden meistens aus einem quadratischen Zimmer im Erdgeschoss. Dort lebten Menschen und Tiere auf engstem Raum zusammen. Auf dem Dach befanden sich manchmal kleine Kammern, die mögliche Gäste benutzen konnten. Die Mauern bestanden (größtenteils) aus Lehm. Die Häuser wurden in größeren Gruppen aneinandergereiht, sodass die Bewohner geschützter leben konnten. Aufgrund der

---

[21] Vgl. Alexander, Pat 1994, S. 169-170
[22] Vgl. ebd. S. 170
[23] Vgl. ebd. S. 169
[24] Alexander, Pat 1994, S. 178

großen Hitze, waren kaum Fenster vorhanden. Als Dach wurden Zweige über die breiten Balken des Hauses gelegt und mit Lehm verschmiert.[25] Es bleibt zu sagen, dass die Geschichte einen realen Hintergrund braucht. *„Dieser beweist deutlicher als alle Worte, daß die Bibel [keine] Ansammlung von Volkssagen eines legendären Landes ist. Das Land [Israel] und Volk gab es tatsächlich, darum war auch die Offenbarung Gottes an jenem bestimmten Ort Wirklichkeit."* [26]

3.3.3 Didaktisch-methodischer Kommentar

Die folgende Unterrichtsreihe ist dem Gebiet des Neuen Testamentes zuzuweisen. In dem Kernlehrplan der Grundschule im Fach Katholische Religionslehre wird der Bereich: *„Das Wort Gottes und das Heilshandeln Jesu Christi in den biblischen Überlieferungen"* aufgeführt. Als ein Aufgabenschwerpunkt lässt sich *„Das Land der Bibel kennen lernen"* benennen. Die SuS sollen sich in die Lebenswelt Jesu einfühlen und sich somit auf das Land und die Leute im alten Israel einlassen. Die SuS erkunden die Heimat Jesu (die Landschaften mit unterschiedlichen Lebensbedingungen). Fernerhin sollen sie die wichtigsten Städte in der Bibel (Jerusalem, Nazaret, Bethlehem, Galiläa sowie Judäa) benennen können und von den verschiedenen Gruppierungen zur Zeit Jesu erzählen (unter anderem über die Pharisäer, Sadduzäer und Zeloten). [27] Mithilfe des Stationenlernens sollen die SuS die aufgeführten Kompetenzen erlangen. Durch die Freiarbeit wird sowohl die Selbstständigkeit als auch die Subjektwerdung der Kinder im Unterricht verstärkt, aufgrund der Entscheidungs- und Freiräume.[28] Demzufolge wird die Methodenkompetenz der SuS gefestigt. In der Einführungsstunde der Unterrichtsreihe zum Thema *„Jesus und seine Umwelt"*, werden die SuS auf das Lernen an Stationen eingewiesen. In den einzelnen Stationen setzen sich die Kinder mit den Lebensbedingungen vor 2000 Jahren auseinander und erforschen die Unterschiede und Gemeinsamkeiten der damaligen zur heutigen Zeit. Folglich wird ein Bezug zum historischen Inhalt hergestellt. Aufgrund der Veranschaulichung anhand einer Landkarte Israels (oder durch den Globus), wird möglichst effektiv das Vorwissen der Kinder aktiviert. Dadurch wird der Lehrperson bewusst, welche Kenntnisse den SuS zum Land Israel vorliegen und welche Gebiete aufzuarbeiten sind. Die Kinder erkennen, dass es sich um ein reales Land handelt, indem Gott sich den Menschen offenbarte. Von vielen Kindern lebt die Verwandtschaft ebenfalls in andern Ländern. Dies gibt Gelegenheit, mögliche Erfahrungen in den Unterrichtsprozess miteinzubringen. Der Realitätsbezug

---

[25] Vgl. ebd. S. 180-181
[26] Vgl. ebd. S. 10
[27] Vgl. http://www.schulentwicklung.nrw.de/lehrplaene/lehrplannavigator-grundschule/katholische-religionslehre/lehrplan-kath.-religion/kernlehrplan-kath.-religionslehre.html
[28] Vgl. Hilger, Georg/ Ritter, Werner.H. 2006, S. 392

13

wird demnach gegeben. Die zu bearbeitenden Stationen decken unterschiedliche Gebiete ab, zu welchen Bedingungen die Menschen in der damaligen Zeit lebten. Sie setzen sich nicht nur mit dem Land Israel, sondern auch explizit mit den Menschen auseinander. Die Kinder können das Essen, die Kleidung, die Familiensituation, die Berufe, die Wohnverhältnisse und die Gesellschaft zur Zeit Jesu mit ihrem eigenen Leben vergleichen. Somit wird insbesondere den SuS ein Zugang zu einer vergangenen Kultur vermittelt. Eine weitere Möglichkeit wäre, das damalige Israel dem heutigen gegenüberzustellen. Dabei könnten jedoch die zahlreichen Aufstände und Ausschreitungen zwischen den Israeliten und den Palästinensern von den Kindern hinterfragt werden (bakannt durch Rundfunk und Fernsehn). Es könnten sich Nachfragen seitens der SuS zu dem Nahostkonflikt entwickeln. Die Schwierigkeit besteht darin, durch eine angemessene Überleitung, in die eigentliche Thematik der Unterrichtsstunde zu wechseln.

Die Lehrperson sollte auf die wichtigsten Fragen der Kinder eingehen, damit diese nicht unbeantwortet bleiben. Um dem sensiblen Thema jedoch gerecht zu werden, würde sich eine seperate Stunde abieten. Eine kindgerechte Aufbereitung ist dabei unbedingt zu beachten. Eine weitere Schwierigkeit könnte durch die große Zeitspanne von 2000 Jahren entstehen.

Es ist möglich, dass sich den SuS die damalige Welt (trotz Vergleiche) nicht erschließt und sie keine Zusammenhänge erkennen. Um diesem Problem entgegenzutreten wird mit unterschiedlichen Medien (Landkarten, Globus) gearbeitet. Es besteht die Chance, dass sich die SuS schneller in das Thema einfinden und einen Bezug zu Land und Leute herstellen. Das Thema *Jesu und seine Umwelt* ist vor allem für die weiteren Unterrichtsreihen (höheren Klassen) erforderlich. Die Kinder sollen erfahren, dass es für das Verständnis Jesu (sprach oft in Gleichnissen) wichtig ist, sich mit dem Land und den Menschen seiner Zeit zu beschäftigen. Da die Botschaft Jesu sich an die Menschen vor 2000 Jahren richtete, wurde diese auch anders gedeutet. Die SuS müssen verstehen, dass die Reich-Gottes-Botschaft nur erfasst werden kann, wenn Vorwissen über das damalige Land und Volk besteht. Um das Unterrichtsthema möglichst attraktiv und interessant zu gestalten, beschäftigen sich die Kinder fächerübergreifend mit der Thematik. Beispielsweise wird im Musikunterricht das Lied Israel-Jesu Heimat eingeübt. Im Kunstunterricht werden Häuser in Israel zur Zeit Jesu gebastelt und ein ganzes Dorf in Galiläa nachgebaut (bestehend aus Vorlagen, Pappe, Papier etc.). Den SuS werden dadurch, stets die Lebensverhältnisse zur Zeit Jesu transparent. Der Lebensweltbezug findet sichtbar statt. Diese Art einer Visualisierung unterstützt die Kinder, sich intensiv mit den Bedingungen vor 2000 Jahren auseinanderzusetzen und sich eventuell auch außerhalb des Unterrichts mit dem Thema zu befassen (z.B. durch eine Berichterstattung an die Eltern und Geschwister).

Es besteht zudem die Möglichkeit anhand einer Anleitung (Station Essen), das Brot mit den Eltern zuhause nachzubacken. Die SuS werden nicht nur geistig, sondern auch aktiv gefordert am Unterrichtsprozess teilzunehmen und diesen in gewisser Weise selbständig zu gestalten. Damit die SuS sich in das neue Thema einfinden können, wird ein Lied „Israel Jesu Heimat" jeweils zu Beginn des Religionsunterrichts eingestimmt. Das Gesangstück kennen die Kinder (fächerübergreifend) aus dem Musikunterricht. Hierbei entstehen erste Annäherungen bezüglich der Lebens- und Wohnverhältnisse zur Zeit Jesu. Für die Stationsarbeit sind ca. acht Stunden vorgesehen.

Obwohl die Stationsarbeit den Kindern durchaus vertraut ist, werden vorab noch mögliche Fragen und Probleme klargestellt. In einer ersten Annäherung sollen die Kinder mittels einer Fantasiereise in die Zeit Jesu „entführt" werden. Hierbei ist eine mögliche Verbindung zu dem Unterrichtsthema durchführbar (vergleiche die Fantasiereise im Anhang).

Eine Fantasiereise ist besonders bei Kindern von Vorteil, die schwer den Unterricht folgen können. Ihnen wird die Möglichkeit gegeben sich zu entspannen, ihre eigenen Gedanken zu dem Thema „Jesus und seine Umwelt" zu entwickeln und ihre Konzentration zu steigern. Dementgegen ist die Zeitdauer einer Fantasiereise negativ zu bewerten, da mindestens 5 bis 10 Minuten einkalkuliert werden müssen. Zu der Fantasiereise wird eine CD mit musikalischen, sanften Klängen abgespielt. Zumeist wirken sich die Töne sehr entspannend auf die SuS aus. Sie hören gespannt der Fantasiereise zu, sodass mögliche Unruhen vermieden werden. Das Bild, dass während der Fantasiereise aufgelegt wird, soll nur als eine Art Unterstützung dienen, um sich auf die Geschichte voll und ganz einzulassen. Um die Aufmerksamkeit der Schüler zu erhalten und wieder einen Realitätsbezug herzustellen, wird den Kindern anschließend ein Bild von Nazareth in Galiläa gezeigt und über ihre Eindrücke diskutiert. Die SuS werden dazu angeleitet und motiviert, ihre gewonnenen Gedanken zu sammeln und Unterschiede aber auch Gemeinsamkeiten (z.B. von der Landschaft) zusammenzutragen. Anschließend werden durch eine Landkarte Israels (oder einen Globus) die Vorkenntnisse der SuS aktiviert. Den SuS wird aufgeführt, wie das Land Israel aussieht und wo es sich geografisch befindet, um somit die Nähe zu ihrem eigenen Land zu verdeutlichen. Es ist wichtig den Kindern zu vermitteln, dass es das Land und das Volk Israel wirklich gab und immer noch gibt. In der Vertiefungs- und Sicherungsphase, werden die SuS dazu angehalten, sich mit den Stationen selbständig, eigenverantwortlich und engagiert auseinanderzusetzen. Den SuS wird somit die Möglichkeit gegeben Verantwortung für ihr Lernen zu übernehmen und sich frei für eine Reihenfolge der zu bearbeitenden Stationen zu entscheiden (bis auf die Vergleichsblätter). Einige Aufgaben lassen unterschiedliche Lösungswege zu, sodass ein kreatives Schreiben unterstützt wird. Es ist zu beachten, dass sich der Lehrer vor allem als eine Art Begleiter und Ratgeber begreift. Die Lehrkraft sollte den SuS bei Fragen jederzeit behilflich sein, sich allerdings weitestgehend von dem Lernprozess distanzieren. Vorab ist eine Wiederholung der festgelegten Verhaltensregeln im Unterricht notwendig, damit diese Form der Freiarbeit in einer angenehmen und ruhigen Arbeitsatmosphäre erfolgen kann.

Da die Kinder unterschiedlich schnell an den Aufgaben der Stationen arbeiten und somit kein kongruentes Lerntempo in der Klasse vorherrscht, wird den leistungsstärkeren Schülern die Möglichkeit gegeben, zusätzliche Aufgaben zu bearbeiten (nicht an allen Stationen ausführbar).

Des Weiteren wird den SuS ein Tisch zur Verfügung gestellt (mit ausgewähltem Material und Büchern), an dem sie freischaffend über das Thema Jesus und seine Umwelt recherchieren und sich zusätzliche Informationen aneignen können. Selbstverständlich ist es möglich, dass die leistungsstärkeren SuS die leistungsschwächeren SuS bei der Aufgabenbearbeitung unterstützen. Den Kindern wird vorab erklärt, dass nur gegenseitige Hilfestellungen akzeptiert werden. Komplette Aufgabenbearbeitungen sind nicht zu dulden (ein Einschreiten der Lehrperson ist dann erforderlich). Bei der Einführungsstunde dominiert als Aktionsform der Lehrervortrag und die Gruppengespräche. Eine aktive Teilnahme bleibt den SuS in der Einführungsstunde nahezu verwehrt. Nur kurze Schülerbeiträge (z.b. bei der Landkartenbeschreibung), sind vorhanden. Im weiteren Verlauf der Unterrichtsreihe, werden die Kinder jedoch dazu angeregt, möglichst eigenständig und verantwortungsvoll an den Stationen zu arbeiten. Um einen konkreten Vergleich der Lebenssituationen von damals und heute zu ermöglichen, müssen sich die Kinder (vor dem Bearbeiten der Stationsaufgaben) mit ihren eigenen Lebensbedingungen auseinandersetzen. Beispielsweise über ihre momentanen Wohnverhältnisse oder über die Berufe ihrer Eltern. Zum Ende der Unterrichtsreihe müssen die SuS ein Vergleichsblatt ausfüllen. Hierbei ist es notwendig, das neu gewonnene Wissen über die Lebensbedingungen Jesu abzurufen und auf das Blatt einzutragen. Den SuS liegt ein direkter Vergleich der damaligen zur heutigen Zeit vor und es lassen sich auf Anhieb mögliche Gemeinsamkeiten und Unterschiede feststellen. Nach der Unterrichtsreihe wird den SuS die Möglichkeit gegeben, die Stunden zu reflektieren und über Unklarheiten zu sprechen. Der katholische Unterricht hat nicht nur die Aufgabe, *„jungen Menschen in der Gegenwart Möglichkeiten des Verstehens, Urteilens und Handelns zu erschließen, sondern er muss sich auch der Herausforderung stellen, ihnen zur Weiterentwicklung ihrer erworbenen Fähigkeiten und Fertigkeiten zu verhelfen.*[29]

---

[29] Hanisch, Helmut 2001, S. 111

17

3.3.4 Stundenverlaufsplan

Zeit	Phase	Unterrichtsschritte	Aktionsform	Medien	Erläuterung zum Lernprozess
10 Min	Einstieg	Begrüßung Vorstellen der Stunde Lied	Lehrervortrag	Pikto-gramme AB Israel-Jesu-Heimat	Ziel- und Verlaufstransparenz
15 Min	Erarbeitung	Die Lehrperson zeigt den SuS ein Bild und lässt es zunächst betrachten. Anschließend sollen die SuS sich zurücklehnen und der Fantasiegeschichte, die die Lehrperson vorliest, folgen. Im Hintergrund läuft Entspannungsmusik. Nach der Fantasiereise berichten die SuS über ihre Eindrücke.	Lehrervortrag Schülerbeitrag	Bild OHP CD	Die Lehrkraft „entführt" die SuS mittels einer Fantasiereise in die Zeit Jesu. Die Musik soll die Entspannung fördern und ihnen dabei verhelfen, sich in die Geschichte hineinversetzen zu können.
10 Min	Überleitung	Die Lehrperson legt eine Landkarte auf und stellt der Klasse Fragen: •Wisst ihr, wo ihr Israel finden könnt? •Welche Länder kennt ihr noch, die sich in der Nähe befinden? •Was wisst ihr denn schon über Israel?	Gruppengespräch	OHP Landkarte	Den SuS wird somit der Realitätsbezug veranschaulicht. Vorkenntnisse der SuS werden ermittelt.
10 Min	Vertiefung/ Sicherung	Innerhalb der Klasse wurden unterschiedliche Stationen aufgebaut. Jedes Kind erhält einen Ordner mit einem Orientierungsblatt, den Regeln und der ersten Aufgabe, die vor den anderen Stationen erledigt werden muss. Zunächst werden die Regeln gemeinsam in der Klasse besprochen. Danach	Lehrervortrag Frei-arbeit	Arbeitsheft	Klärung und Erläuterung des Arbeitsauftrages Die Aufgabe, „wie ich lebe", soll von jedem SuS als erste Aufgabe bewältigt werden, da sie sich zunächst ihr eigenes Leben vergegenwärtigen sollen, um anschließend Vergleiche zu den Lebensbedingungen zu Jesu Lebzeiten

		soll sich jedes Kind mit der ersten Aufgabe „Wie ich lebe" auseinandersetzen. Anschließend arbeiten die SuS an den Stationen. Die Abfolge der Stationen wird vom Schüler festgelegt. Die Stationen beinhalten folgende Themen: •Wie ich lebe •Das Land Israel zur Zeit Jesu •Essen zur Zeit Jesu •Kleidung zur Zeit Jesu •Familie zur Zeit Jesu •Berufe zur Zeit Jesu •Gesellschaft zur Zeit Jesu •Wohnen zur Zeit Jesu •Das Leben zur Zeit Jesu (Vergleichsblatt)			ziehen können. Die Stationsarbeit gibt den Kindern die Gelegenheit, sich intensiv mit den einzelnen Themen auseinander- zusetzen.

4. Literaturverzeichnis

Gedruckte Quellen:

•Alexander, Pat (Hg.): Die Welt der Bibel- Nachschlagewerk zur Bibel Informationen in Wort und Bild. Wuppertal: R. Brockhaus Verlag, 1994.

•Barrett, C.K.: Die Umwelt des Neuen Testaments (hg. v. Colpe, Carsten), Tübingen: J.C.B. Mohr (Paul Siebeck), 1959.

•Fischer, Friedrich u.a. (Hg.): Ich bin da- Religion 1- Lehrerhandbuch. 2. Aufl., Donauwörth: Auer Verlag, 2009.

•Hanisch, Helmut: Unterrichtsplanung im Fach Religion- Theorie und Praxis. 4. Aufl., Göttingen: Vandenhoeck und Ruprecht Verlag, 2001.

•Hilger, Georg/ Ritter, Werner H.: Religionsdidaktik Grundschule- Handbuch für die Praxis des evangelischen und katholischen Religionsunterrichts. München und Stuttgart: Kösel/Calwer Verlag, 2006.

•Jaeschke, Ursula/ von Olnhausen, Renate (Hg.): Medien- Bausteine Religion. Bd.1. Karlsruhe: Urs Görlitzer-Verlag.

•Jendorff, Bernhard: Jesus und seine Zeit. Aschaffenburg: Paul Pattloch Verlag, 1973.

•Möller, Martin: RU praktisch fachdidaktisch- Für das Referendariat und die ersten Berufsjahre.Göttingen: Vandenhoeck und Ruprecht Verlag, 2008.

•Onuki, Takashi: Jesus- Geschichte und Gegenwart. Kempten: Neukirchener Verlag, 2006.

•Stegemann, Wolfgang (2010): Jesus und seine Zeit. Stuttgart: Kohlhammer GmbH

Internetquellen:

•http://www.schulentwicklung.nrw.de/lehrplaene/lehrplannavigator-grundschule/katholische-religionslehre/lehrplan-kath.-religion/kernlehrplan-kath.-religionslehre.html [Stand: 04.06.15]

•http://www.kreativerunterricht.de/html/lied_song_jesu_heimat_israel_h.html [Stand: 04.06.15]

•http://www.digitale-schule-bayern.de/dsdaten/390/57.pdf [Stand: 06.05.15]

•http://www.kath-kirche-kaernten.at/images/OEKE-bilder/250.jpg [Stand: 06.05.15]

• http://www.hist-chron.com/SU/Pinkus_judenverfolgung-in-russland-u-SU/10-1948-d/016-Bernadotte-karte-Israel-Jordanien1948.gif [Stand: 09.05.15]

5. Anhang

<u>Anlage 1: Überblick über die Arbeitsblätter zum Thema Zeit und Umwelt Jesu</u>

Stationen	Selbstkontrolle	Lehrerkontrolle
1) Wie ich lebe (Vergleichsblatt)	1)	
2) Das Land Israel	1) 2) 3) 4)*	
3) Nahrung zur Zeit Jesu	1) 2) 3) 4)*	
4) Wohnen zur Zeit Jesu	1) 2) 3) 4)*	
5) Kleidung zur Zeit Jesu	1) 2) 3)*	
6) Familie zur Zeit Jesu	1) 2) 3)	
7) Berufe zur Zeit Jesu	1) 2) 3)*	
8) Gesellschaft zur Zeit Jesu	1) 2) 3) 4)	
9) Das Leben zur Zeit Jesus (Vergleichsblatt)	1)	

Hinweis: Aufgabenblätter mit folgender Kennzeichnung (*) müssen nicht, <u>können</u> aber freiwillig bearbeitet werden.

Anlage 2: Lied: Israel - Jesu Heimat

Aus urheberrechtlichen Gründen entfernt. Das Arbeitsblatt finden Sie unter:

http://www.kreativeunterricht.de/html/lied_song_jesu_heimat_israel_h.html

Anlage 3: Landkarte Israel

Aus urheberrechtlichen Gründen entfernt.

Siehe z.b. unter:

http://www.bpb.de/internationales/asien/israel/45164/karten

Alternativ kann mit einem Globus gearbeitet werden.

Beispiellandkarte für Grundschüler:

http://www.pfarrei-zeitlarn.de/archivseiten/archiv2012_2013/fastenaktionen_kinder_2013.htm

Anlage 4: Fantasiereise:

Rücke dich auf deinen Stuhl zurecht. Lege deine Arme angewinkelt auf den Tisch, deinen Kopf auf deine Arme. Schließe die Arme. Du wirst ganz ruhig. Du spürst deinen Atem, spürst, wie du ein- und ausatmest, wie dein Atem kommt und geht. Dein Atem strömt langsam durch deinen Körper. Dir wird ganz warm und wohlig. Du entspannst dich und wirst ruhig. Du bist ganz bei dir. Die Geräusche in deiner Umwelt verklingen nach und nach. Die Dinge rücken weit weg von dir. Du fühlst dich sicher und wohl. Du bist ganz ruhig und ganz bei dir. Stelle dir vor, du fährst von Essen nach Düsseldorf an den Flughafen, weil du in ein fernes, fremdes Land reisen möchtest. Du sitzt nun im Flugzeug an einem Fensterplatz. Du schaust hinaus. Du wirst in ein fremdes Land reisen. In deinem Bauch spürst du ein mulmiges Gefühl. Das Flugzeug startet. Du siehst, wie die Häuser kleiner und kleiner werden. Düsseldorf ist schon nicht mehr zu sehen. Du fliegst immer höher und weiter hinauf, bis zu den Wolken. Du fliegst über viele Städter und Länder hinweg. Du fliegst über Deutschland, Italien, Griechenland und über das tiefblaue Mittelmeer in ein fernes, fremdes Land, zurück in eine längst vergangene Zeit. In die Zeit, als deine Großeltern noch Kinder waren und noch hunderte von Jahren weiter in die Vergangenheit zurück. Du bist nun in Jahr 6 nach Christus. Alles sieht ganz anders aus. Die Menschen, die Tiere und das Land auch. Viele Fragen schwirren wie Mücken in deinem Kopf herum. Du wirst neugierig. Du siehst einen Jungen. Er ist so alt wie du. Du gehst auf ihn zu, er lächelt freundlich. Du sagst ihm deinen Namen und begrüßt ihn. Er sagt, er heiße Jesus. Du kennst Jesus aus vielen

Geschichten. Nun geht ihr beide durch das Dorf. Dort trefft ihr Kinder.
Sie gehen mit und erzählen von dem fremden Land. Es heisst Galiäa. Galiäa
ist sehr weit weg von daheim, denkst du. Daheim schneit es und hier ist es
schon Frühling. Die Blumen blühen, die Wiesen werden grün. Du siehst viele
Menschen. Die sehen anders aus und was machen die denn da? Ach ja, du
erinnerst dich, du bist ja erst im Jahr 6 nach Christus. Langsam wirst du
müde vor lauter Fragen. Da musst du zu Hause unbedingt nachfragen. Du
gehst zurück zum Flugzeug, steigst ein und fliegst nach Hause hierher
zurück. Langsam öffnest du die Augen. Du blickst dich um und siehst deine
Mitschüler aus der Religionsklasse. Du streckst dich, wirst ganz wach. Du
bist wieder in der Schule.

Quelle: unbekannt

Anlage 5: Regeln für die Stationsarbeit

Regeln für die Stationsarbeit

1.leise sein

2.Arbeitsaufträge genau lesen

3.Arbeitsergebnisse möglichst selbst kontrollieren

4.erledigte Stationen abhaken

5.sorgfältig mit Material umgehen

6.Material wieder an seinen Platz zurück bringen

7.gegenseitig helfen

Das Land Israel

1.Setze die vier Teilkarten zu einer großen Landkarte von Israel

      zusammen und ergänze die Gewässer, Städte und Teilgebiete.

2.Lies die Sätze auf der Rückseite der zehn Bilder. Lege die zehn   Bilder

dann an die richtigen Stellen auf der Landkarte.

3.Umkreise die Gewässer in blau, die Städte in rot und die Teilgebiete

     in grün.

4.Du kannst die Karte auch ausmalen. (!)

Wohnen zur Zeit Jesu

1.Lies den Text genau durch!

2.Finde die im Text benannten Gegenstände auf dem Bild und   bezeichne
sie mit einer Nummer. Schreibe Nummern und   Gegenstände in
Deinen Ordner. Wenn du magst, kannst du das Bild   anmalen.

3.Löse das Silbenrätsel.

4.Bastel dir dein eigenes Haus. (!)

Familie zur Zeit Jesu

1.Lies dir den Text genau durch. Du kannst auch mit einem Partner
     arbeiten, indem ihr euch die Geschichte gegenseitig vorlest.

2.Schneide die Karten aus und ordne sie in die Tabelle richtig ein.

3.Schreibe ein Tagebucheintrag einer Person aus der Geschichte.

Berufe zur Zeit Jesu

1.Lies dir die Karten genau durch und suche die Personen im Bild. Wenn
     du sie gefunden hast, umkreise diese Personen im Bild.

2.Suche dir nun <u>einen</u> Dialog aus und schreibe ihn weiter.

3.Suche dir eine Szene aus dem Bild heraus und spiele sie mit einem Partner
nach. Worüber könnten sich die Menschen unterhalten? (!)

Gesellschaft zur Zeit Jesu

1. Lege die drei Wortkarten („untere Schicht", „mittlere Schicht", „obere Schicht") so auf den Tisch, dass die „untere Schicht" unten liegt, mit etwas Abstand folgt darüber die „mittlere Schicht" und oben nach einigem Abstand die „obere Schicht".
2. Nimm jetzt die Bildkärtchen und lege die Karten jeweils zu der Schicht, die du für richtig hältst. Die Texte auf der Rückseite der Bilder können dir eine Hilfe sein. Übertrage das Ergebnis in deinen Ordner.

3. Lies den Text „Wie die Menschen zur Zeit Jesu in der Gesellschaft zusammen lebten".
4. Mit welchen Menschen hatte Jesus viel zu tun und warum? Schreibe deine Gedanken in deinen Ordner.

Nahrung zur Zeit Jesu

1. Die Menschen in Israel zur Zeit Jesu hatten andere Essgewohnheiten als wir heute. Lies dazu den Text.
2. Schau dir die Bilder mit den Nahrungsmitteln an. Einige davon gab es schon zur Zeit Jesu in Israel, andere noch nicht. Ordne die Bilder den beiden Gruppen „Nahrungsmittel zur Zeit Jesu" und „Spätere Nahrungsmittel" zu.
   Hinweis: 8 Bilder gehören zur ersten Gruppe und 6 Bilder gehören zur zweiten Gruppe.
3. Auf den Bildern siehst du verschiedene Buchstaben. Bringe sie in die richtige Reihenfolge, um das Lösungswort herauszufinden.
   Hinweis: Die Buchstaben der ersten Gruppe bilden den ersten Teil des Lösungswortes und die Buchstaben der zweiten Gruppe den zweiten Teil.
4. Wenn du Lust hast, kannst du zusammen mit einem Erwachsenen, das Rezept ausprobieren und es dann auch mal in die Schule mitbringen. (!)

BEI GRIN MACHT SICH IHR
WISSEN BEZAHLT

- Wir veröffentlichen Ihre Hausarbeit,
  Bachelor- und Masterarbeit

- Ihr eigenes eBook und Buch -
  weltweit in allen wichtigen Shops

- Verdienen Sie an jedem Verkauf

Jetzt bei www.GRIN.com hochladen
und kostenlos publizieren